skola - məktəp	2
ceļojums - səyəxət	5
transports - transport	8
pilsēta - şəhər	10
ainava - tirə-yün	14
restorāns - restoran	17
lielveikals - supermarket	20
dzērieni - eçemleklər	22
ēdiens - azıq	23
zemnieku saimniecība - çeftlek	27
māja - yort	31
viesistaba - qunaq bülməse	33
virtuve - aş bülməse	35
vannas istaba - yuınu bülməse	38
bērnu istaba - bala bülməse	42
apģērbs - kiyem	44
birojs - ofis	49
ekonomika - iqtisad	51
profesijas - hönərlər	53
instrumenti - ələtlər	56
mūzikas instrumenti - muzıka alətləre	57
zooloģiskais dārzs - xaywan baqçası	59
sports - sport törləre	62
darbības - itkenleklər	63
ģimene - ğailə	67
ķermenis - tən	68
slimnīca - xastaxanə	72
ārkārtas gadījums - kiçektergesez xəl	76
zeme - Cir	77
pulkstenis - səğət	79
nedēļa - atna	80
gads - yıl	81
formas - şəkellər	83
krāsas - töslər	84
pretstati - qapma-qarşılıqlar	85
skaitļi - sannar	88
Valodas - tellər	90
kas / ko / kā - kem / nərsə / niçek	91
kur - qayda	92

Impressum
Verlag: BABADADA GmbH, Nedderfeld 112 , 22529 Hamburg
Geschäftsführer / Verlagsleitung: Harald Hof
Druck: Books on Demand GmbH, In de Tarpen 42, 22848 Norderstedt

Imprint
Publisher: BABADADA GmbH, Nedderfeld 112 , 22529 Hamburg, Germany
Managing Director / Publishing direction: Harald Hof
Print: Books on Demand GmbH, In de Tarpen 42, 22848 Norderstedt

skola
məktəp

klases telpa
sıynıf bülməsi

dalīt
bülü

tāfele
taqta

skolas pagalms
məktəp ixatası

skolotājs
uqıtuçı

papīrs
kəğəz

rakstīt
yazarğa

pildspalva
qələm

rakstāmgalds
östəl

lineāls
sızğıç

grāmata
kitap

skolēns
uquçı

skolas soma
....
buqça

penālis
....
qələmdan

zīmulis
....
qırandaş

zīmuļu asināmais
....
qələm oçlağıç

dzēšgumija
....
betergeç

zīmēšanas bloks
....
rəsem dəftərə

skola - məktəp

zīmējums
rəsem

ota
pumala

krāsas
buyawlar tartması

šķēres
qayçı

līme
cilem

darba burtnīca
dəftər

mājas darbs
öy eşe

skaitlis
san

saskaitīt
quşu

atņemt
alu

reizināt
tapqırlaw

rēķināt
isəpləw

burts
xəref

alfabēts
əlifba

vārds
süz

skola - məktəp

  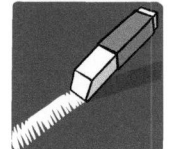

teksts	lasīt	krīts
tekst	uqırğa	aqbur

mācību stunda	žurnāls	eksāmens
dəres	sıynıf jurnalı	imtixan

liecība	skolas forma	izglītība
sertifikat	məktəp forması	məğərif

enciklopēdija	universitāte	mikroskops
ensiklopediyə	universitə	mikroskop

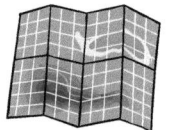 

karte	papīrgrozs
xarita	çüp qəğəz çiləge

skola - məktəp

ceļojums
səyəxət

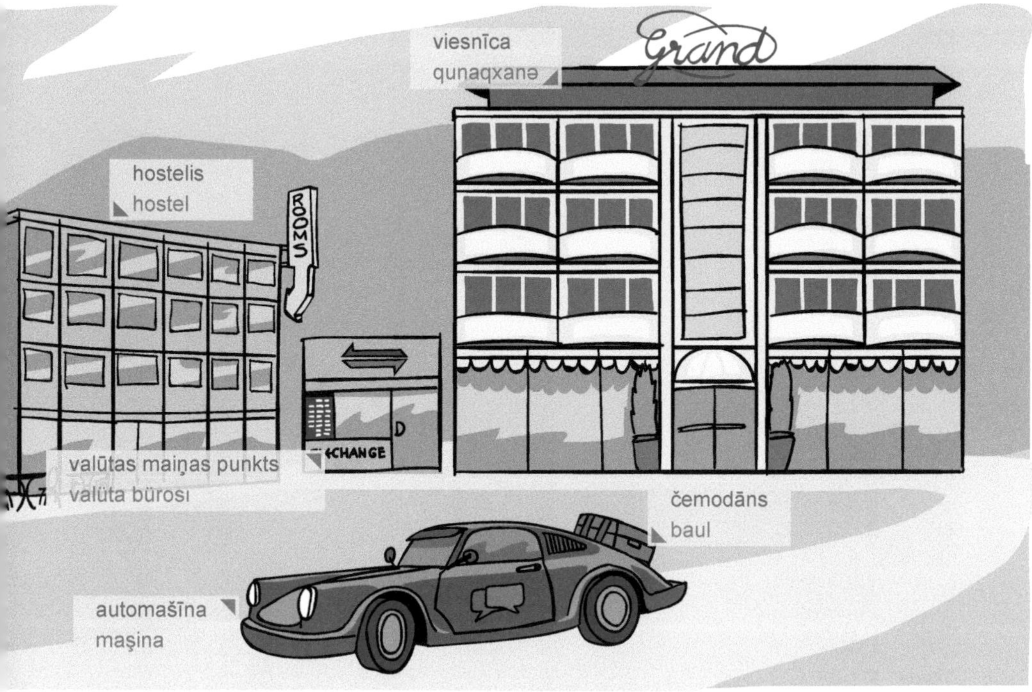

viesnīca
qunaqxanə
Grand
hostelis
hostel
ROOMS
CHANGE
valūtas maiņas punkts
valüta bürosı
čemodāns
baul
automašīna
maşina

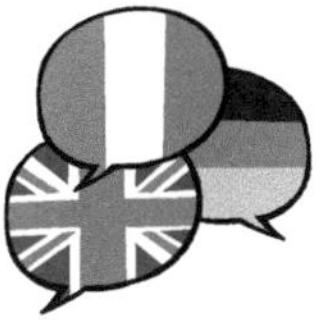

Valoda

tel

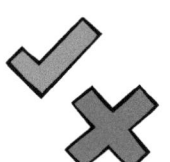

jā / nē

əye / yuq

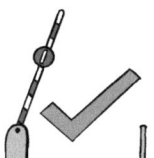

Okay

yarar

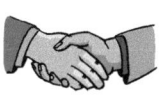

Sveiki!

isənmesez

tulks

tərceməçe

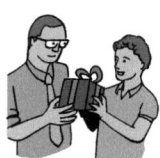

paldies

Rəxmət

Cik maksā…?

… küpme tora?

Es nesaprotu

min añlamıym

problēma

problem

Labvakar!

Xəyerle kiç!

Labrīt!

Xəyerle irtə!

Ar labu nakti!

Tınıç yoqı!

Uz redzēšanos

saw bulığız

virziens

yünəleş

bagāža

bagaj

soma

buqça

mugursoma

biştər

viesis

qunaq

istaba

bülmə

guļammaiss

yoqı qapçığı

telts

çatır

tūrisma informācija
turist məğlüməte

pludmale
qomsal

kredītkarte
kredit kərte

brokastis
irtənge aş

pusdienas
töşlek

vakariņas
kiçke aş

biļete
bilet

lifts
lift

pastmarka
marka

robeža
çik

muita
tamğaxanə

vēstniecība
ilçelek

vīza
viza

pase
pasport

ceļojums - səyəxət

transports
transport

lidmašīna
oçqıç

kuģis
kərap

ugunsdzēsēju mašīna
yanğın maşinası

autobuss
awtobus

kravas automašīna
töyər

motorlaiva
motorlı köymə

velosipēds
səpid

automašīna
maşina

prāmis
boram

laiva
köymə

motocikls
motosiklət

policijas automašīna
polisə maşinası

sacīkšu automobilis
uzış maşinası

nomas auto
kiralıq maşina

transports - transport

auto koplietošana	evakuators	atkritumu mašīna
karşering	tartuçı	çüp töyəre

dzinējs	benzīns	degvielas uzpildes stacija
motor	yağulıq	benzinlek
	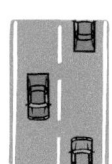	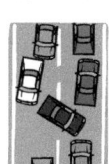
ceļa zīme	satiksme	sastrēgums
trafik bilgese	xərəkət	böke
	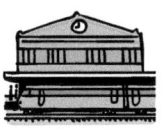	
stāvvieta	dzelzceļa stacija	sliedes
parking	stansa	rəy
	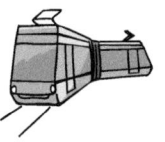	
vilciens	tramvajs	vagons
trən	tramway	vagon

transports - transport

helikopters / boralaq

lidosta / hawa alanı

tornis / manara

pasažieris / yulçı

konteiners / konteyner

kaste / alap

ratiņi / yök arbası

grozs / səbət

pacelties / nosēsties / qalqu / töşü

pilsēta
şəhər

ciems / awıl

pilsētas centrs / şəhər üzəge

māja / yort

pilsēta - şəhər

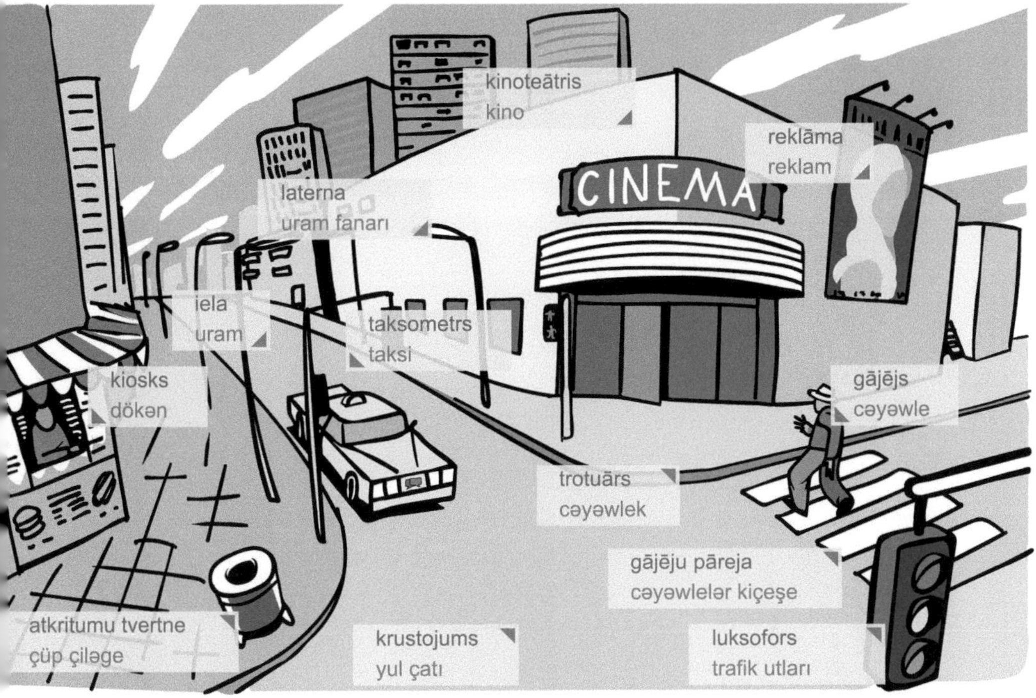

kinoteātris
kino

reklāma
reklam

laterna
uram fanarı

iela
uram

taksometrs
taksi

CINEMA

gājējs
cəyəwle

kiosks
dökən

trotuārs
cəyəwlek

gājēju pāreja
cəyəwlelər kiçeşe

atkritumu tvertne
çüp çiləge

krustojums
yul çatı

luksofors
trafik utları

būda
alaçıq

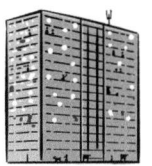

dzīvoklis
fatir

dzelzceļa stacija
stansa

rātsnams
şəhər xakimiyəte

muzejs
yədkərxanə

skola
məktəp

pilsēta - şəhər

universitāte
universitə

banka
bank

slimnīca
xastaxanə

viesnīca
qunaqxanə

aptieka
daruxanə

birojs
ofis

grāmatnīca
kitap kibete

veikals
kibet

ziedu veikals
çəçək kibete

lielveikals
supermarket

tirgus
bazar

tirdzniecības centrs
zur kibet

zivju tirgotājs
balıq kibete

tirdzniecības centrs
səwdə üzəge

osta
liman

pilsēta - şəhər

parks
park

sols
eskəmiyə

tilts
küper

kāpnes
basqıç

metro
metro

tunelis
tunnel

autobusa pieturvieta
awtobus tuqtalışı

bārs
bar

restorāns
restoran

pastkastīte
yamıl tartması

ielas nosaukuma plāksne
uram bilgese

stāvlaika skaitītājs
parking sanağıçı

zooloģiskais dārzs
xaywan baqçası

peldbaseins
xəwezxanə

mošeja
məçet

pilsēta - şəhər

zemnieku saimniecība • çeftlek

vides piesārņojums • kerlelek

kapsēta • zirat

baznīca • çirkəw

spēļu laukums • uyın alanı

templis • ğibädätxanä

ainava
tirə-yün

- lapa / yafraq
- ceļrādis / yul kürsətkeçe
- ceļš / yul
- pļava / bolın
- ceļotājs / yöreşçe
- akmens / taş
- koks / ağaç
- upe / yılğa
- zāle / ülən
- puķe / çəçək

ieleja
üzən

kalns
qalqulıq

ezers
kül

mežs
urman

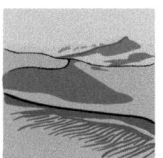
tuksnesis
çül

vulkāns
yanartaw

pils
nığıtma

varavīksne
salawat küpere

sēne
gömbə

palma
palma

moskīts
çerki

muša
çeben

skudra
qırmısqa

bite
bal qortı

zirneklis
ürməküç

ainava - tirə-yün

vabole
qoñğız

varde
baqa

vāvere
tiyen

ezis
kerpe

zaķis
quyan

pūce
yabalaq

putns
qoş

gulbis
aqqoş

meža cūka
qaban duñğızı

briedis
bolan

alnis
poşıy

aizsprosts
tuan

vēja ģenerators
cir turbinı

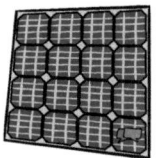

saules baterija
qoyaş panele

klimats
iqlim

ainava - tirə-yün

restorāns
restoran

viesmīlis / tabınçı
ēdienkarte / saylaq
krēsls / urındıq
pica / pitsa
zupa / aş
galdauts / aşyawlıq
galda piederumi / çəneçke-pıçaq taqımı

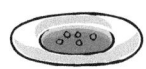

uzkoda
qabımlıq

pamatēdiens
töp aşamlıq

deserts
tatlı

dzērieni
eçemleklər

ēdiens
azıq

pudele
şeşə

ātrās uzkodas	ielu uzkodas	tējkanna
fastfud	uram rizığı	çəygün

 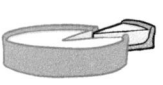 

cukurtrauks	porcija	espresso kafijas automāts
şikər sawıtı	salım	espresso maşinı

bāra krēsls	rēķins	paplāte
biyek urındıq	xisap	töger

nazis	dakša	karote
pıçaq	çəneçke	qaşıq

tējkarote	salvete	glāze
çəy qaşığı	tastımal	tustağan

restorāns - restoran

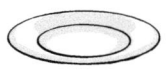  

šķīvis	zupas šķīvis	apakštase
tabaq	aş tabağı	cəypək

 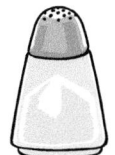 

mērce	sāls trauciņš	piparu dzirnaviņas
sous	toz sawıtı	borıç tegermәne

  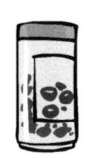

etiķis	eļļa	garšvielas
serkә	sıyıq may	tәmlәtkeç

kečups	sinepes	majonēze
ketçup	xәrdәl	mayonez

lielveikals
supermarket

piedāvājums
maxsus təqdim

klients
satıp aluçılar

piena produkti
söt eşlənmələre

augļi
cimeş

iepirkumu ratiņi
kibet arbası

kautuve
it kibete

maizes veikals
ikməkxanə

svērt
ülçəw

dārzeņi
yəşelçə

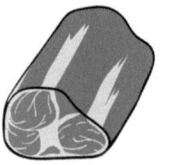

gaļa
it

saldēti produkti
tuñdırılğan aşamlıqlar

lielveikals - supermarket

uksṭās gaļas uzkodas
suıq it

konservi
kənsirləngən aşamlıq

pulveris
ker tuzı

saldumi
şikərləmələr

mājsaimniecības preces
öy eşlənmələre

tīrīšanas līdzeklis
təmizlek eşlənmələre

pārdevēja
satuçı

kase
yazuçı kassa

kasieris
kassir

iepirkumu saraksts
satıp alu isemlege

darba laiks
eş waqıtı

maks
qalta

kredītkarte
kredit kərte

soma
buqça

maisiņš
plastik qapçıq

lielveikals - supermarket

dzērieni
eçemleklər

ūdens
su

sula
sut

piens
söt

kola
kola

vīns
şərəb

alus
sıra

alkohols
xəmer

kakao
kakao

tēja
çəy

kafija
qəhwə

espresso
espresso

kapučīno
kapuçino

ēdiens
azıq

banāns
banan

ābols
alma

apelsīns
əflisun

melone
qarbız

citrons
limon

burkāns
kişer

ķiploks
sarımsaq

bambuss
bambu

sīpols
suğan

sēne
gömbə

rieksti
çikləweklər

makaroni
toqmaç

| spageti | rīsi | salāti |
| spagetti | döge | salat |

| frī kartupeļi | cepti kartupeļi | pica |
| çips | qızdırılğan bərəñge | pitsa |

| hamburgers | sviestmaize | šnicele |
| hamburger | sandwiç | kətlit |

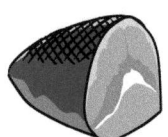  

| šķiņķis | salami | desa |
| ветчина | salami | sosis |

| vista | cepetis | zivs |
| tawıq ite | qızdırma | balıq |

ēdiens - azıq

auzu pārslas
solı izməse

muslis
müsli

brokastu pārslas
məkkəy keterdege

milti
on

radziņš
kruassan

brokastu maizītes
ipi tügərəge

maize
ikmək

tostermaize
tost

cepumi
kətərməç

sviests
may

biezpiens
eremçek

kūka
kəyk

ola
yomırqa

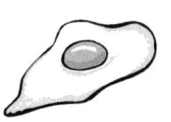
cepta ola
təbə

siers
pəynir

saldējums
tuñdırma

cukurs
şikər

medus
bal

marmelāde
qaynatma

riekstu krēms
şokolad izməse

karijs
karri

ēdiens - azıq

zemnieku saimniecība
çeftlek

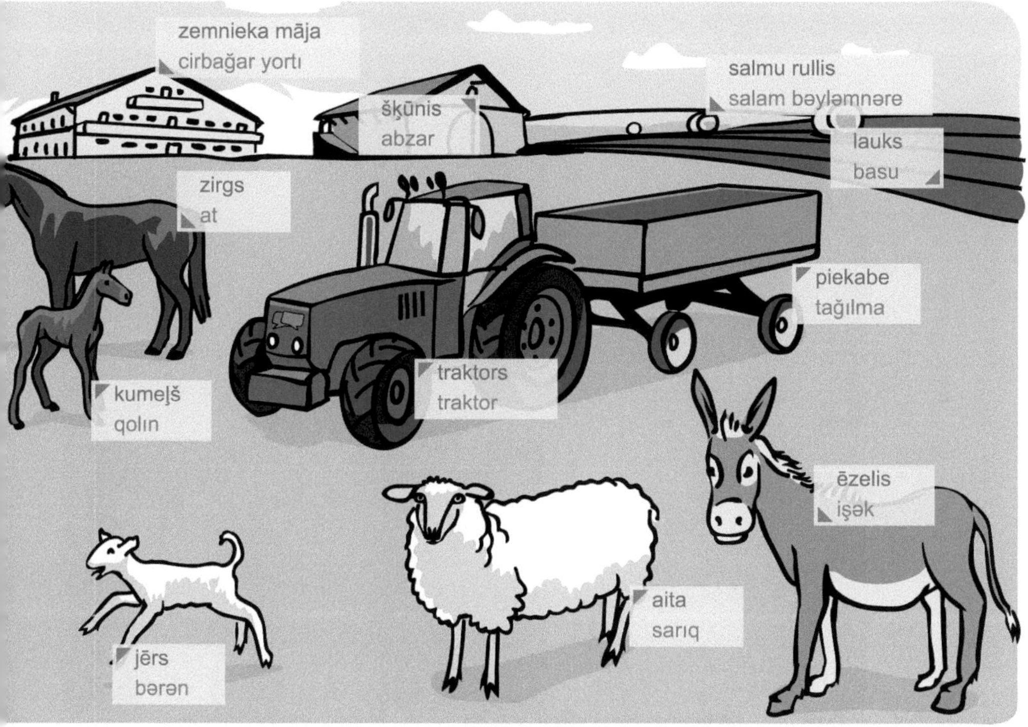

zemnieka māja / cirbağar yortı
šķūnis / abzar
salmu rullis / salam bəyləmnərə
lauks / basu
zirgs / at
piekabe / tağılma
kumeļš / qolın
traktors / traktor
ēzelis / işək
aita / sarıq
jērs / bərən

kaza
kəcə

govs
sıyır

teļš
bozaw

cūka
duñğız

sivēns
duñğız balası

bullis
ügez

zoss
qaz

pīle
ürdək

cālis
çebi

vista
tawıq

gailis
ətəç

žurka
küse

kaķis
pesi

pele
tıçqan

vērsis
eş ügeze

suns
et

suņa būda
et oyası

dārza šļūtene
baqça xortumı

lejkanna
susipkeç

izkapts
çalğı

arkls
saban

zemnieku saimniecība - çeftlek

sirpis
uraq

kaplis
kitmən

mēslu dakša
sənək

cirvis
balta

ķerra
qul arbası

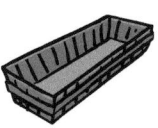
sile
tağaraq

piena kanna
söt çiləge

maiss
qapçıq

žogs
qoyma

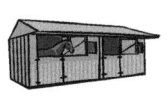
kūts
abzar

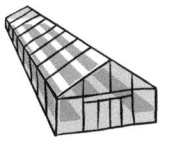
siltumnīca
essexanə

augsne
tufraq

sēklas
orlıq

mēslojums
aşlama

kombains
kombayn

zemnieku saimniecība - çeftlek

novākt ražu
uñış cıyarğa

raža
uñış

jamss
yam

kvieši
boday

soja
soya

kartupelis
bərəñge

kukurūza
məkkəy

rapsis
raps

augļu koks
cimeş ağaçı

manioka
manyok

labība
börtekleler

zemnieku saimniecība - çeftlek

māja
yort

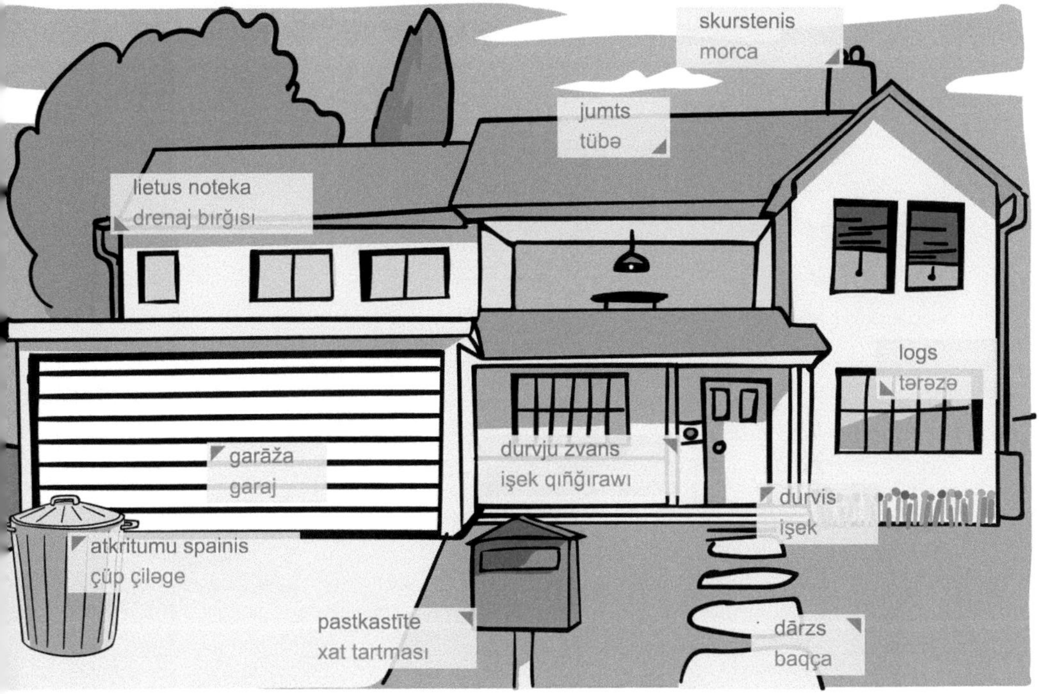

- skurstenis / morca
- jumts / tübə
- lietus noteka / drenaj bırğısı
- logs / tərəzə
- garāža / garaj
- durvju zvans / işek qıñğırawı
- durvis / işek
- atkritumu spainis / çüp çiləge
- pastkastīte / xat tartması
- dārzs / baqça

viesistaba
qunaq bülməse

vannas istaba
yuınu bülməse

virtuve
aş bülməse

guļamistaba
yataq bülməse

bērnu istaba
bala bülməse

ēdamistaba
aş bülməse

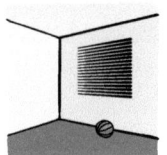
grīda
idän

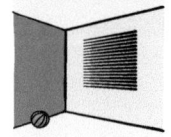
siena
diwar

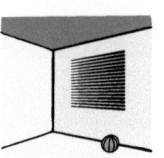
griesti
tüşəm

pagrabs
tülə

sauna
sawna

balkons
balkon

terase
teras

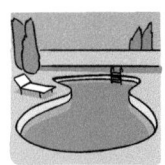
baseins
xəwez

zāles pļāvējs
çirəmçapqıç

gultas veļa
cəymə

sega
yataq yapması

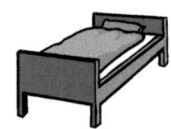
gulta
yataq

slota
seberke

spainis
çilək

slēdzis
özgeç

māja - yort

viesistaba
qunaq bülməse

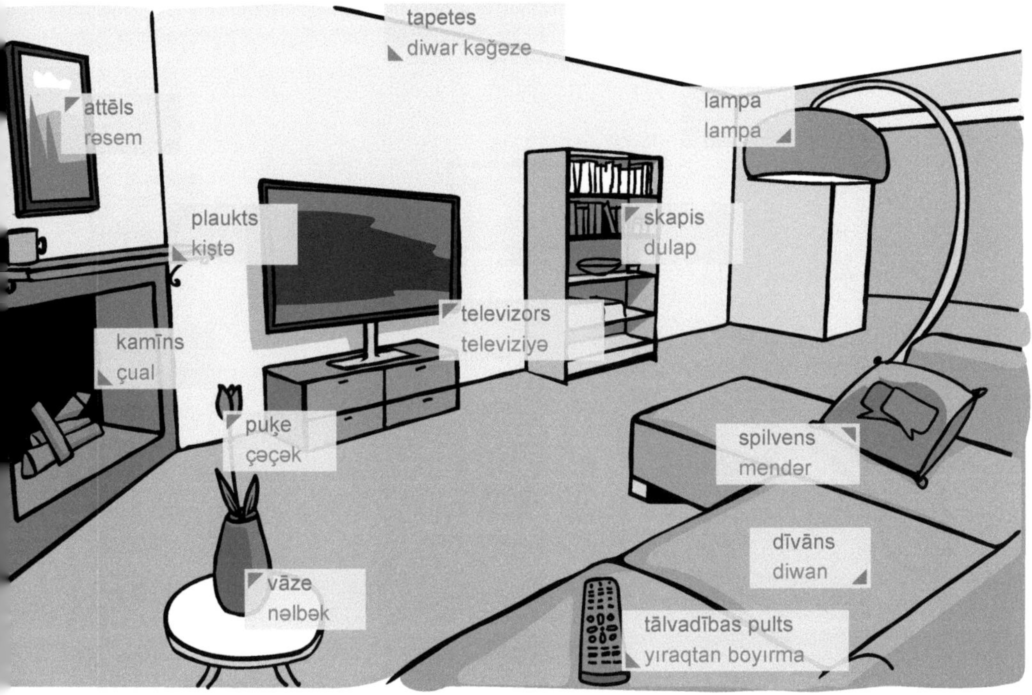

- tapetes / diwar kəğəze
- attēls / rəsem
- lampa / lampa
- plaukts / kiştə
- skapis / dulap
- kamīns / çual
- televizors / televiziyə
- puķe / çəçək
- spilvens / məndər
- vāze / nəlbək
- dīvāns / diwan
- tālvadības pults / yıraqtan boyırma

paklājs
keləm

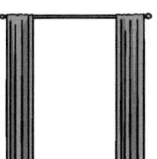

aizkars
pərdə

galds
östəl

krēsls
urındıq

šūpuļkrēsls
tirbəlmə urındıq

atpūtas krēsls
kənəfi

grāmata
kitap

sega
yapma

dekorācija
dekor

malka
utın

filma
film

mūzikas centrs
hi-fi

atslēga
açqıç

avīze
gəcit

glezna
sürət

plakāts
poster

radio
radio

pierakstu blociņš
quyın dəftərə

putekļu sūcējs
tuzansuırğıç

kaktuss
kaktus

svece
şəm

viesistaba - qunaq bülməse

virtuve
aş bülməsə

ledusskapis
suıtqıç

mikroviļņu krāsns
mikrodulqınlı miç

virtuves svari
aşxanə ülçəwe

tosteris
toster

tīrīšanas līdzekļi
yuğıç əyber

cepeškrāsns
miç

saldēšanas kamera
tuñdırğıç

atkritumu spainis
çüp çiləge

trauku mazgājamā mašīna
sawıt-saba yuğıç

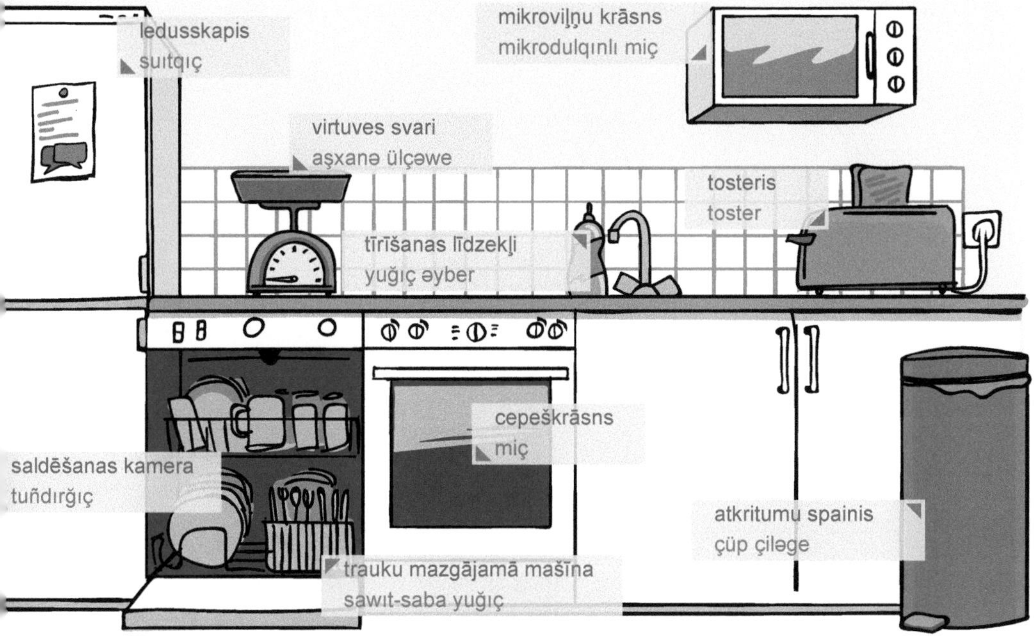

plīts
əwsək

pods
sağan

katls
çuyın sağan

Wok panna
wok

panna
taba

elektriskā tējkanna
çəygün

virtuve - aş bülməsə 35

tvaika katls
bulı peşergeç

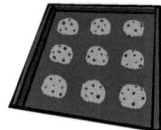
cepešpanna
qalay

trauki
sawıt-saba

krūze
təgəç

bļoda
kəsə

irbulīši
aşaw tayaqçıqları

kauss
ucaw

lāpstiņa
spatula

putošanas slotiņa
tuğlağıç

sietiņš
sözgeç

siets
ilək

rīve
qırğıç

piesta
kile

grilēt
barbekü

atklāts pavards
açıq uçaq

virtuve - aş bülməse

dēlis
taqta

mīklas rullis
uqlaw

korķu viļķis
böke suırğıç

bundža
metal tartma

konservu nazis
kənsir açqıç

virtuves cimdi
miç biyələye

izlietne
kirşən

birste
fırça

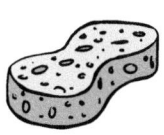
sūklis
bolıt

mikseris
blender

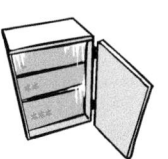
saldētava
tirən tuñdırğıç

bērna pudelīte
imezlekle şeşə

ūdenskrāns
çömək

virtuve - aş bülməse

vannas istaba
yuınu bülməse

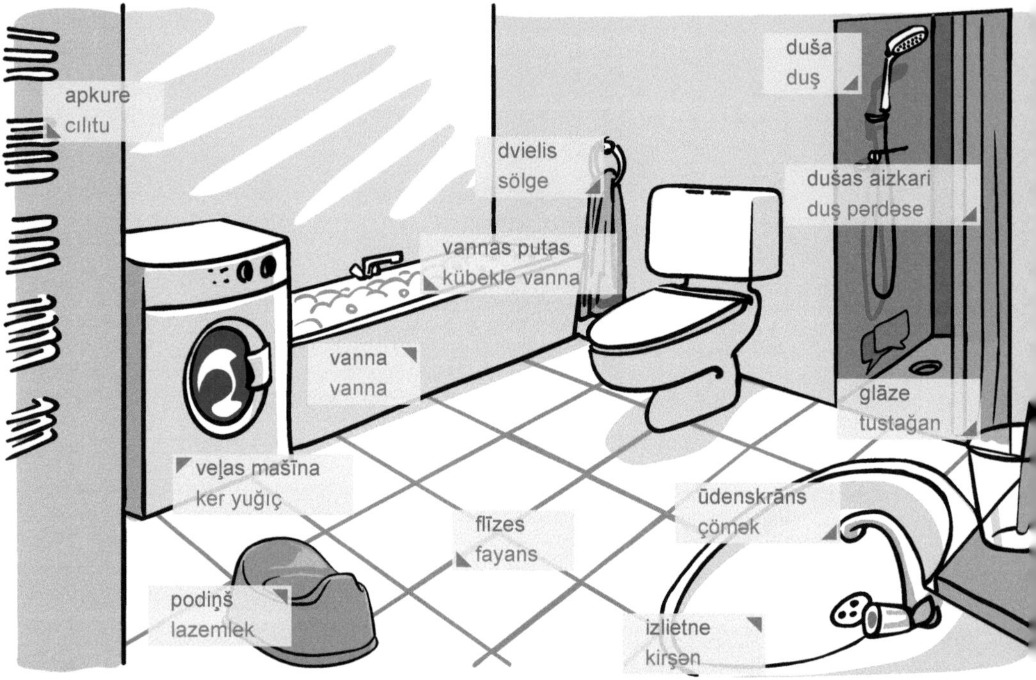

- apkure / cılıtu
- duša / duş
- dvielis / sölge
- dušas aizkari / duş pərdəse
- vannas putas / kübekle vanna
- vanna / vanna
- glāze / tustağan
- veļas mašīna / ker yuğıç
- ūdenskrāns / çömək
- flīzes / fayans
- podiņš / lazemlek
- izlietne / kirşən

tualetes pods
bədrəf

Āzijas tipa tualete
törekçə bədrəf

bidē
bide

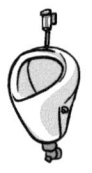

pisuārs
pissuar

tualetes papīs
bədrəf kəğəze

tualetes birste
bədrəf fırçası

zobu birste
teş fırçası

zobu pasta
teş məğcüne

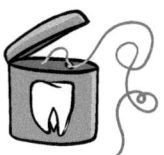
zobu diegs
teş cebe

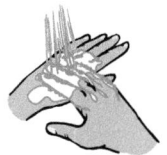
mazgāt
yuarğa

rokas duša
duş başlığı

duša
duş

bļoda
kirşən

muguras mazgāšanas birste
arqa fırçası

ziepes
sabın

dušas želeja
duş señəle

šampūns
şampun

mazgāšanas drāna
munçala

noteka
ağım

krēms
krem

dezodorants
dezodorant

vannas istaba - yuınu bülməse

spogulis
közge

spogulītis
qul közgese

skuveklis
östərə

skūšanās putas
qırınu kübege

losjons pēc skūšanās
qırınu losyonı

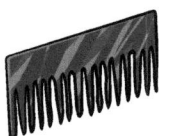

ķemme
taraq

matu suka
fırça

matu fēns
fön

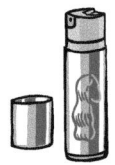

matu laka
çəç sprəye

grima komplekts
makiyaj

lūpu krāsa
iren innege

nagulaka
tırnaq cələse

vate
mamıq

šķērītes
tırnaq qayçısı

smaržas
xuşbuy

vannas istaba - yuınu bülməse

kosmētikas maks

makiyaj buqçası

ķeblītis

utırğıç

svari

ülçəw

halāts

çoba

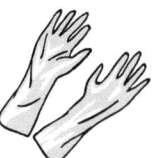

tīrīšanas cimdi

rezin iləsə

tampons

tampon

pakete

higiyenik pəd

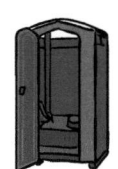

ķīmiskā tualete

kimiyəwi bədrəf

vannas istaba - yuınu bülməse

bērnu istaba
bala bülməse

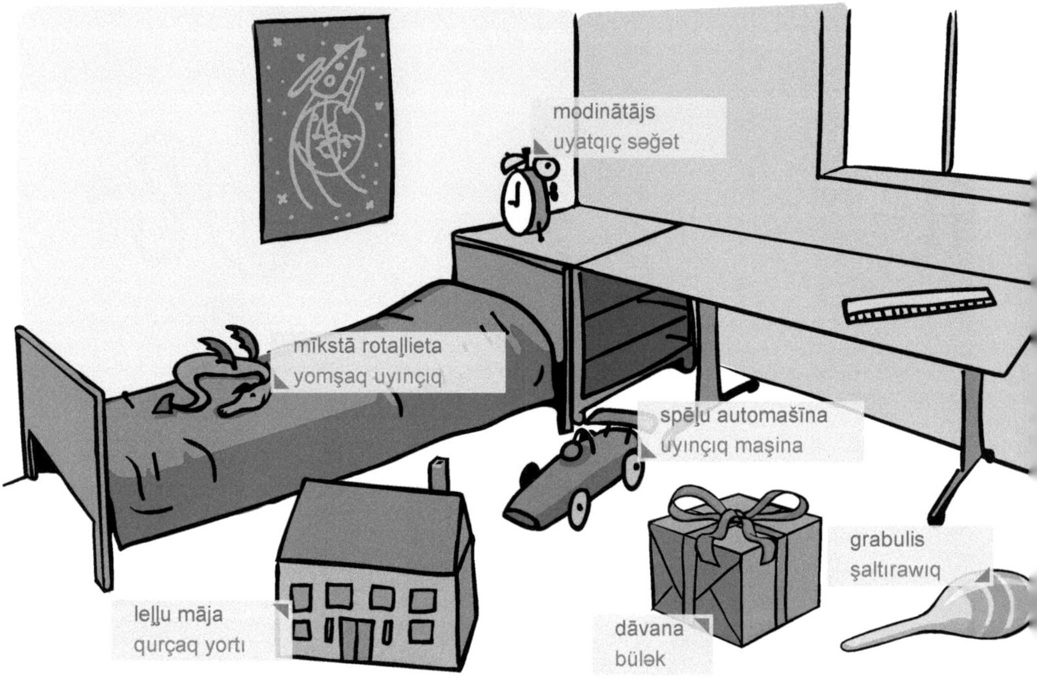

modinātājs
uyatqıç səğət

mīkstā rotaļlieta
yomşaq uyınçıq

spēļu automašīna
uyınçıq maşina

leļļu māja
qurçaq yortı

dāvana
bülək

grabulis
şaltırawıq

balons
hawa şarı

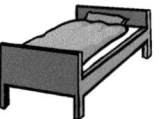

gulta
yataq

bērnu ratiņi
bəbi arbası

kārtis
kərt dəstəse

puzle
pazl

komikss
komiks

LEGO klucīši
lego kirpeçlәrә

klucīši
şaqmaqlar

varoņu figūra
uyın sınçığı

rāpulītis
zıbın

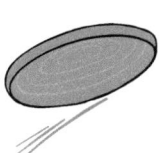
lidojošais šķīvītis
frisbi

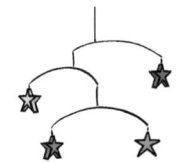
muzikālais karuselis
mobil

galda spēle
östәl uyını

metamais kauliņš
uyın taşı

rotaļu dzelzceļš
trәn modele cıyılması

māneklis
imezlek

ballīte
kiçә

bilžu grāmata
rәsemle kitap

bumba
tup

lelle
qurçaq

spēlēt
uynarğa

bērnu istaba - bala bülmәse

43

smilšu kaste
qomlıq

šūpoles
tağan

rotaļlietas
uyınçıqlar

spēļu konsole
uyın quşması

trīsritenis
öç köpçəkle səpid

plīša lācītis
uyınçıq ayu

drēbju skapis
kiyem dulabı

apģērbs
kiyem

īszeķes
oyıqbaş

zeķes
oyıq

zeķbikses
oyığıştan

šalle
şarf

lietussargs
qulçatır

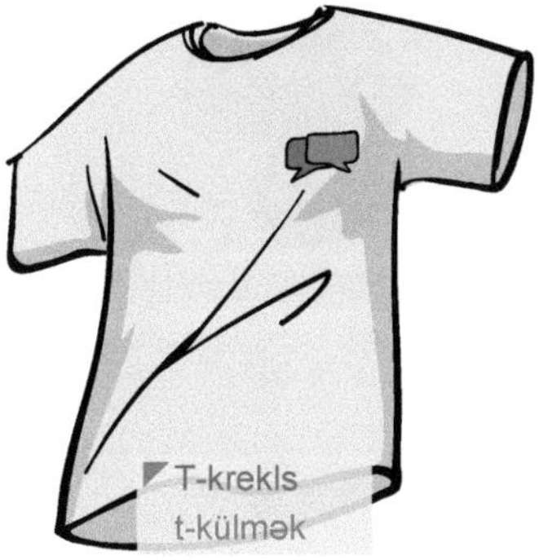

T-krekls
t-külmək

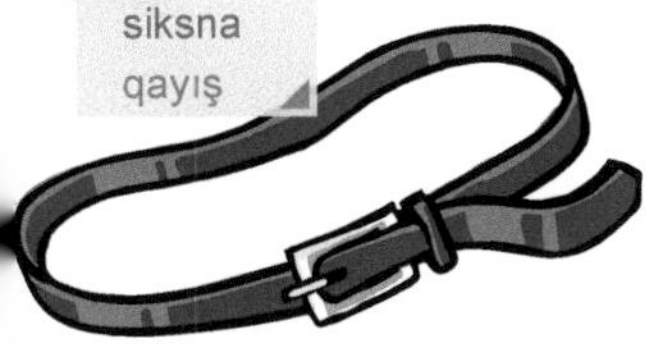

siksna
qayış

zābaks
itek

čības
çəpələy

botas
sport ayaq kiyeme

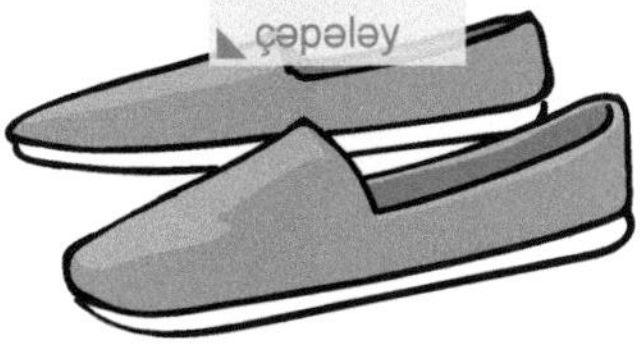

sandales
sandallar

kurpes
ayaq kiyeme

gumijas zābaki
rezin itek

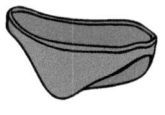

apakšbikses
tənban

krūšturis
tüşti

apakškrekls
cələk

apģērbs - kiyem

bodijs
bodi

bikses
çalbar

džinsi
jins

svārki
itək

blūze
bluz

krekls
külmək

pulovers
sviter

džemperis
hudi

žakete
bleyzer

jaka
jaket

mētelis
bişmət

lietus mētelis
yañğırlıq

kostīms
kəçtüm

kleita
külmək

kāzu kleita
tuy külməge

uzvalks
taqım kiyem

naktskrekls
tönge külmək

pidžama
pijama

sari
sari

lakats
yawlıq

turbāns
çalma

burka
burqa

kaftāns
çapan

abaja
abaya

peldkostīms
qoyınu kiyeme

peldbikses
yözü tənbanı

šorti
şort

treniņtērps
sport kiyeme

priekšauts
alyapqıç

cimdi
iləsə

apģērbs - kiyem

poga — töymə

brilles — küzlek

rokassprādze — beləzek

kaklarota — muyınsa

gredzens — baldaq

auskars — alqa

cepure — kəpəç

drēbju pakaramais — elgeç

platmale — eşləpə

kaklasaite — muyınbaw

rāvējslēdzējs — zıncır

ķivere — oçlam

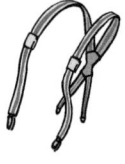

bikšturi — çalbar asması

skolas forma — məktəp forması

uniforma — forma

apģērbs - kiyem

priekšautiņš
balalar kükrəkçəse

māneklis
imezlek

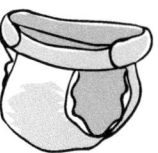

autiņbiksītes
küzələ

birojs
ofis

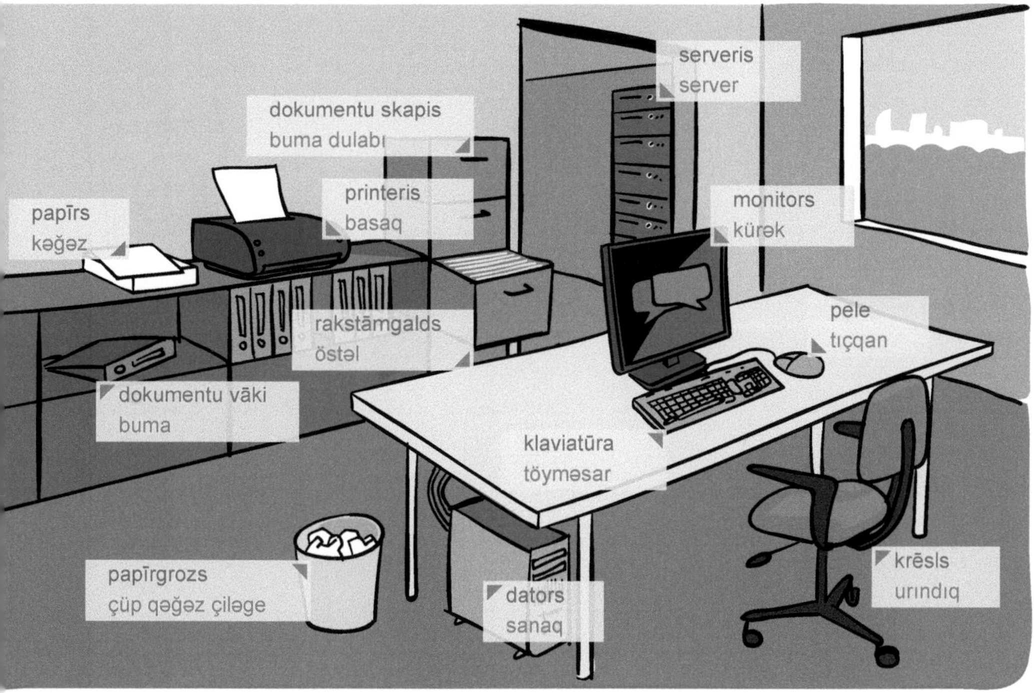

dokumentu skapis
buma dulabı

serveris
server

papīrs
kəğəz

printeris
basaq

monitors
kürək

rakstāmgalds
östəl

pele
tıçqan

dokumentu vāki
buma

klaviatūra
töyməsar

papīrgrozs
çüp qəğəz çiləge

dators
sanaq

krēsls
urındıq

kafijas krūze
qəhwə təgəçe

kalkulators
sansanar

internets
internet

birojs - ofis   49

portatīvais dators
ləptop

vēstule
xat

ziņa
xəbər

mobilais tālrunis
kesə telefonı

tīkls
çeltər

kopētājs
fotokopyaçı

programmatūra
program təminatı

telefons
telefon

rozete
ayırğıç

faksa aparāts
faks

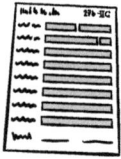
formulārs
form

dokuments
dokument

birojs - ofis

ekonomika
iqtisad

  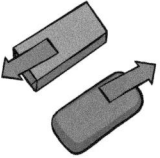

pirkt samaksāt tirgot
satıp alırğa tülərgə səwdə itərgə

nauda dolārs eiro
aqça dollar euro

jēna rublis franks
yen sum frank

juaņa renminbi rūpija bankomāts
yuan rupi bankomat

valūtas maiņas punkts
valüta bürosı

zelts
altın

sudrabs
kömeş

nafta
qaramay

enerģija
energiyə

cena
bəyə

līgums
kontrakt

nodoklis
salım

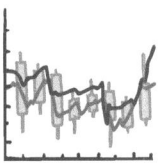
akcija
stok

strādāt
eşlərgə

darbinieks
eşçe

darba devējs
eş birüçe

fabrika
fabrika

veikals
kibet

ekonomika - iqtisad

profesijas
hönərlər

policists
polisə xezmətkərə

ugunsdzēsējs
yanğın sünderüçe

pavārs
aşçı

ārsts
tabib

pilots
oçuçı

dārznieks
baqçaçı

galdnieks
ağaç ostası

šuvēja
tegüçe

tiesnesis
xökemçe

ķīmiķis
kimiyəçe

aktieris
aktor

profesijas - hönərlər

autobusa vadītājs	taksometra vadītājs	zvejnieks
awtobus yörtüçe	taksiçe	balıqçı

apkopēja	jumiķis	viesmīlis
cıyıştıruçı xatın	tübə yabuçı	tabınçı

mednieks	gleznotājs	maiznieks
awçı	rəssam	ikməkçe

elektriķis	celtnieks	inženieris
elektrçı	tözüçe	möhəndis

miesnieks	skārdnieks	pastnieks
itçe	çöməkçe	yamılçı

profesijas - hönərlər

karavīrs
ğəskəri

arhitekts
miğmar

kasieris
kassir

florists
çəçəkçe

frizieris
çəçtaraş

konduktors
konduktor

mehāniķis
mekanik

kapteinis
kapitan

zobārsts
teş tabibı

zinātnieks
ğalim

rabīns
rabbi

imāms
imam

mūks
kəşiş

mācītājs
ruxani

profesijas - hönərlər

instrumenti
ələtlər

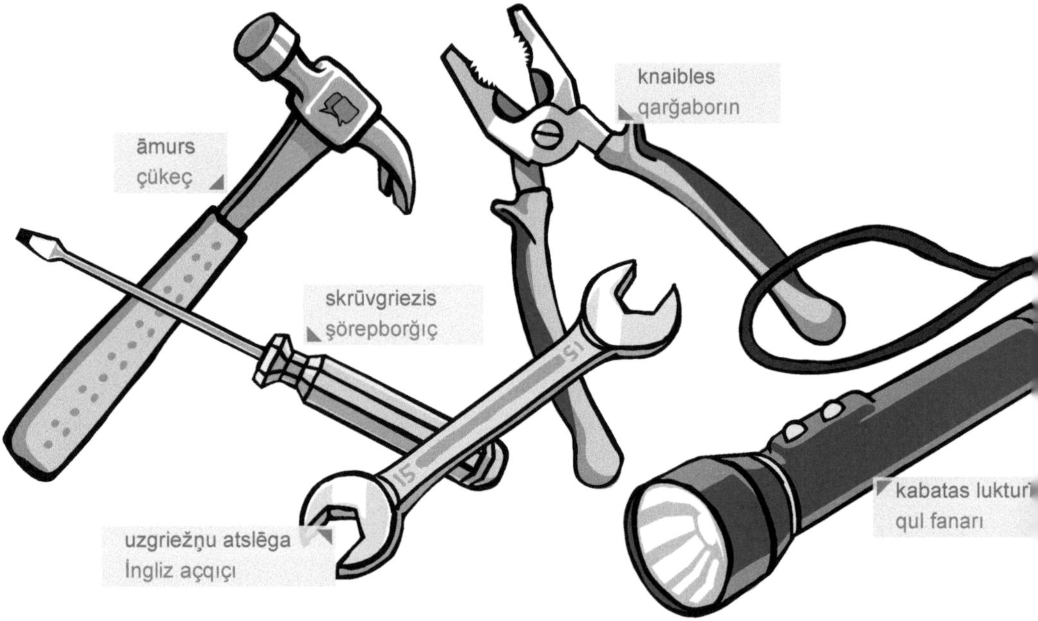

āmurs
çükeç

knaibles
qarğaborın

skrūvgriezis
şörepborğıç

uzgriežņu atslēga
İngliz açqıçı

kabatas lukturı
qul fanarı

ekskavators

qazu maşinası

instrumentu kaste

ələt buqçası

kāpnes

basqıç

zāģis

pıçqı

naglas

qadaqlar

urbis

dril

remontēt
tözətergə

lāpsta
körək

Velns!
Şaytan alğırı!

liekšķere
sosqı

krāsas bundža
buyaw sawıtı

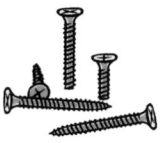
skrūves
mıqlar

mūzikas instrumenti
muzıka alətlərе

skaļrunis
tawış köçəytkeç

bungas
dawılbaz taqımı

ģitāra
gitar

kontrabass
kontrabas

trompete
bırğı

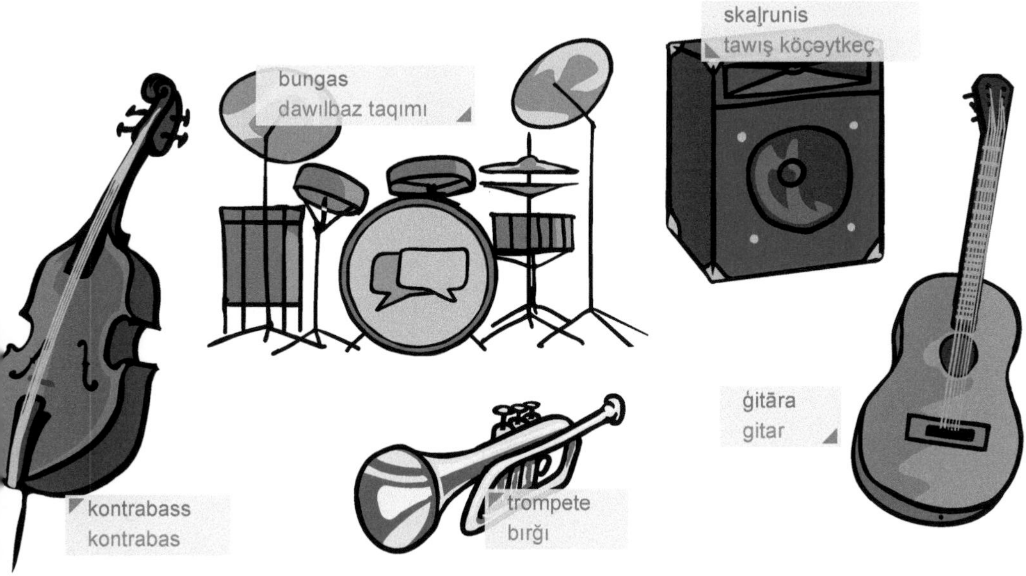

klavieres
piano

vijole
kəmən

bass
bas gitar

timpāni
timpani

bungas
dawılbaz

digitālās klavieres
töyməsar

saksofons
saksofon

flauta
flüt

mikrofons
mikrofon

mūzikas instrumenti - muzıka alətləre

zooloģiskais dārzs
xaywan baqçası

tīģeris / yulbarıs
būris / çitlek
zebra / zebra
dzīvnieku barība / terlek azığı
ieeja / kerü
panda / panda

dzīvnieki
xaywannar

zilonis
fil

ķengurs
köngerə

degunradzis
kərkədən

gorilla
gorilla

lācis
ayu

zooloģiskais dārzs - xaywan baqçası

kamielis
döyə

strauss
təwə qoşı

lauva
arıslan

pērtiķis
maymıl

flamings
flamingo

papagailis
tutıy qoş

polārlācis
aq ayu

pingvīns
pingwin

haizivs
küpek balığı

pāvs
tawis

čūska
yılan

krokodils
timsax

zoodārza sargs
xaywan baqçası xezmətkəre

ronis
suete

jaguārs
yaguar

zooloģiskais dārzs - xaywan baqçası

| ponijs | leopards | nīlzirgs |
| poni | qaplan | su ayğırı |

| žirafe | ērglis | meža cūka |
| zörəfə | börket | qaban duñğızı |

| zivs | bruņurupucis | valzirgs |
| balıq | taşbaqa | morşa |

| lapsa | gazele |
| tölke | ğəzəl |

zooloģiskais dārzs - xaywan baqçası

sports
sport törləre

darbības
itkenleklər

smieties
kölərgə

apskaut
qoçaqlarğa

ẽkt
ikererɡə

iet
yörergə

dziedāt
cırlarğa

sapŋot
xıyallanırğa

lūgt
ģibədət qılırğa

skūpstīt
übərgə

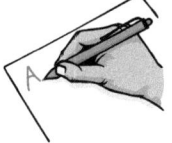

rakstīt
yazarğa

zīmēt
rəsem yasarğa

rādīt
kürsətergə

spiest
etərgə

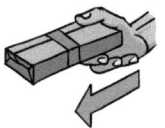

dot
birergə

ŋemt
alırğa

darbības - itkenleklər

būt
iyə bulırğa

darīt
eşlərgə

būt
bulırğa

stāvēt
basıp torırğa

skriet
yögerergə

vilkt
tartırğa

mest
taşlarğa

krist
yığılırğa

gulēt
yatarğa

gaidīt
kötərgə

nest
taşırğa

sēdēt
utırırğa

uzġērbt
kiyenergə

gulēt
yoqlarğa

pamosties
uyanırğa

64 darbības - itkenleklər

skatīties
qararğa

raudāt
yılarğa

glāstīt
sıparğa

ķemmēt
tararğa

runāt
söyləşergə

saprast
añlarğa

jautāt
sorarğa

dzirdēt
tıñlarğa

dzert
eçərgə

ēst
aşarğa

sakārtot
cıyıştırınırğa

mīlēt
söyərgə

vārīt
peşerergä

braukt
sörergə

lidot
oçarğa

darbības - itkenleklər

burot
diñgezgə açılu

rēķināt
isəpləw

lasīt
uqırğa

mācīties
öyrənergə

strādāt
eşlərgə

precēties
öylənergə

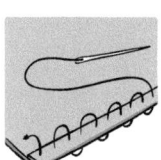
šūt
tegərgə

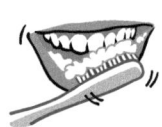
tīrīt zobus
teş fırçalarğa

nogalināt
üterergə

smēķēt
təməke tartırğa

sūtīt
cibərergə

darbības - itkenləklər

ģimene
ğailə

vecāmāte
əbi

vectēvs
babay

tēvs
ata

māte
ana

mazulis
sabıy

meita
qız

dēls
ul

viesis
qunaq

tante
apa

onkulis
abıy

brālis
abıy / ene

māsa
apa / señel

ģimene - ğailə

ķermenis
tən

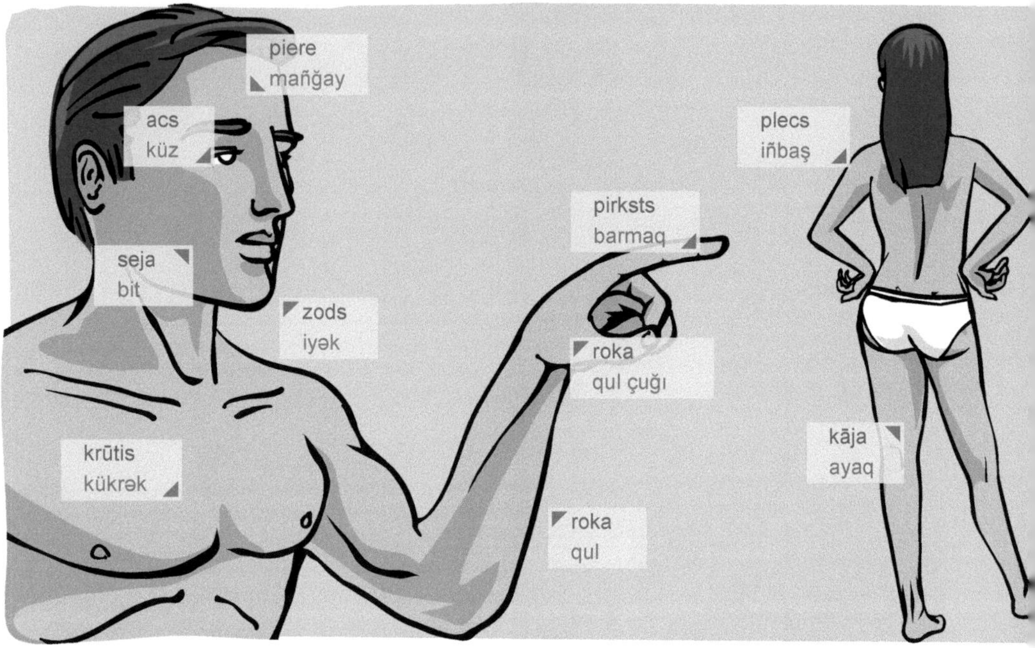

piere
mañğay

acs
küz

plecs
iñbaş

pirksts
barmaq

seja
bit

zods
iyək

roka
qul çuğı

krūtis
kükrək

kāja
ayaq

roka
qul

mazulis

sabıy

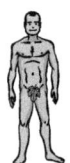

vīrietis

ir

sieviete

xatın

meitene

qız

zēns

malay

galva

baş

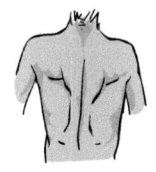
mugura
arqa

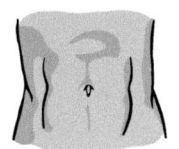
vēders
eç

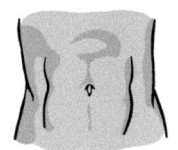
naba
kendek

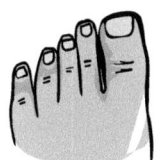
kājas pirksts
ayaq barmağı

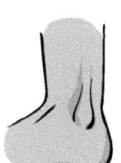
papēdis
ükçə

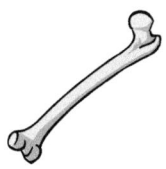
kauls
söyək

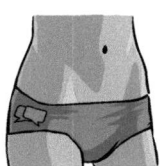
gurns
bot

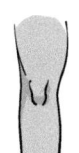
celis
tez

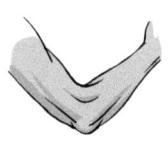
elkonis
tersək

deguns
borın

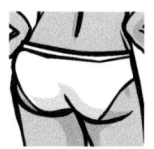
dibens
art san

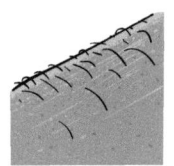
āda
tire

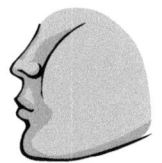
vaigs
yañaq

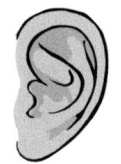
auss
qolaq

lūpa
iren

ķermenis - tən

mute
awız

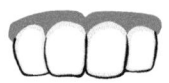

zobs
teş

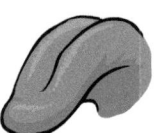

mēle
tel

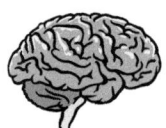

smadzenes
mi

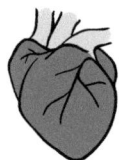

sirds
yörək

muskulis
ğəzlə

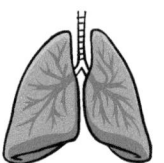

plaušas
üpkə

aknas
bawır

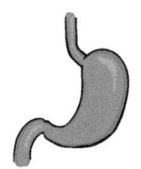

kuņģis
aşqazanı

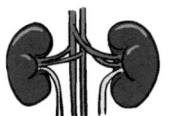

nieres
böyerlər

dzimumakts
seks

kondoms
prezervativ

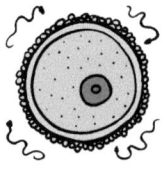

olšūna
kükəy küzənək

sperma
məni

grūtniecība
kömən

ķermenis - tən

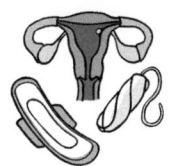

menstruācijas

kürem

vagīna

vagina

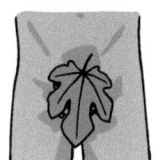

penis

penis

uzacs

qaş

mati

çəçlər

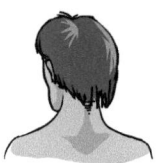

kakls

muyın

ķermenis - tən

slimnīca
xastaxanə

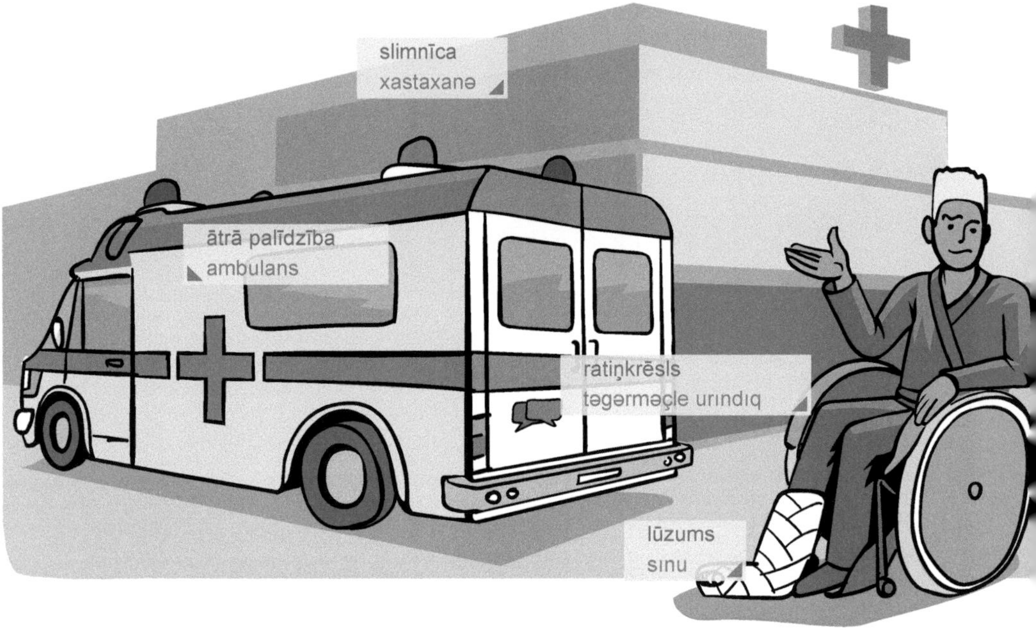

slimnīca / xastaxanə

ātrā palīdzība / ambulans

ratiņkrēsls / təgərməçle urındıq

lūzums / sınu

ārsts

tabib

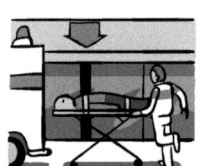

neatliekamās palīdzības nodaļa

aşığıç yərdəm bülməse

medmāsa

şəfqət tutaşı

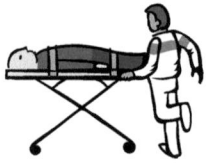

ārkārtas gadījums

kiçektergesez xəl

paģībis

añsız

sāpes

awırtu

ievainojums
cərəxətlənü

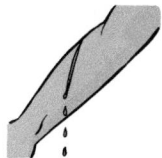

asiņošana
qan ağu

sirdslēkme
infarkt

insults
insult

alerģija
allergiyə

klepus
yütəl

temperatūra
qızu

gripa
grip

caureja
eç kitü

galvassāpes
baş awırtu

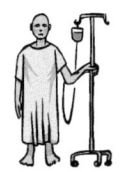

vēzis
yaman şeş

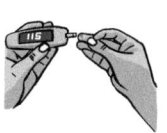

diabēts
diabet

ķirurgs
xirurg

skalpelis
skalpel

operācija
ğəməliyət

slimnīca - xastaxanə

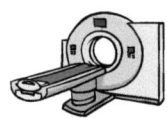
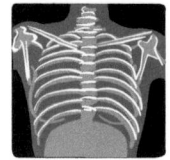
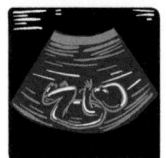

datortomogrāfija
ST

rentgents
röntgen

ultraskaņa
ultratawış

sejas maska
bitlek

slimība
awıru

uzgaidāmā telpa
kötü bülməse

kruķis
qultıq tayağı

plāksteris
plaster

apsējs
bəyləweç

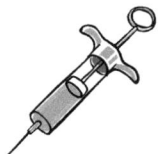
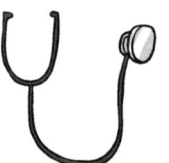
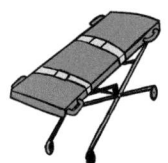

injekcija
qadaw

stetoskops
stetoskop

nestuves
sədiyə

termometrs
klinik termometr

dzemdības
tuu

liekais svars
artıq awırlıq

slimnīca - xastaxanə

dzirdes aparāts
işetü cihazı

dezinfekcijas līdzeklis
dezinfektant

infekcija
yoğış

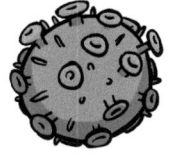

vīruss
virus

HIV / AIDS
KİV / BİDS

zāles
daru

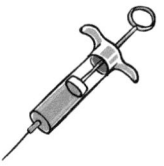
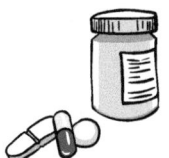

pote
vaksinalanu

tabletes
tabletlər

pretapaugļošanās tablete
kontraseptiv tablet

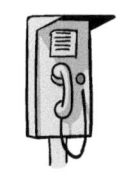

ārkārtas izsaukums
aşığıç çaqıru

asinsspiediena mērītājs
qan basımı ülçəgeçe

slims / vesels
awıru / sələmət

slimnīca - xastaxanə

ārkārtas gadījums
kiçektergesez xəl

Palīgā!
Qotqarığız!

trauksme
xəwef tawışı

uzbrukums
höcüm

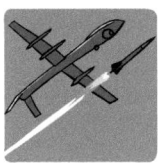

uzbrukums
höcüm

bīstamība
qurqınıç

avārijas izeja
aşığıç çığu

Uguns!
Yanğın!

ugunsdzēšamais aparāts
ut sündergeç

negadījums
qaza

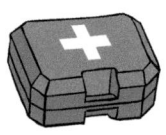

pirmās palīdzības aptieciņa
berençe yərdəm buqçası

SOS
SOS

policija
polisə

zeme
Cir

Eiropa
Awrupa

Ziemeļamerika
Tönyaq Amerika

Dienvidamerika
Könyaq Amerika

Āfrika
Afrika

Āzija
Asya

Austrālija
Awstralya

Atlantijas okeāns
Atlantik okean

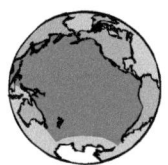
Klusais okeāns
Tın okean

Indijas okeāns
Hind okeanı

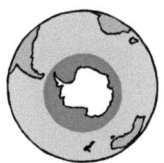
Dienvidu okeāns
Antarktik okean

Ziemeļu ledus okeāns
Arktik okean

Ziemeļpols
Tönyaq qotıp

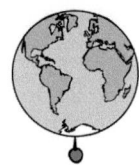
Dienvidpols
Könyaq qotıp

Antarktika
Antarktika

zeme
Cir

zeme
qorı cir

jūra
diñgez

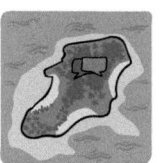
sala
utraw

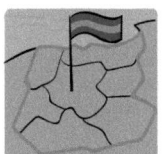
nācija
millət

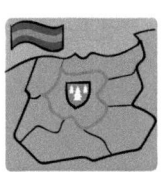
valsts
dəwlət

pulkstenis
səğət

ciparnīca
səğət bite

stundu rādītājs
səğət uğı

minūšu rādītājs
minut uğı

sekunžu rādītājs
sekund uğı

Cik ir pulkstenis?
Səğət niçə?

diena
kön

laiks
waqıt

tagad
xəzer

digitālais pulkstenis
dijital səğət

minūte
minut

stunda
səğət

pulkstenis - səğət

nedēļa
atna

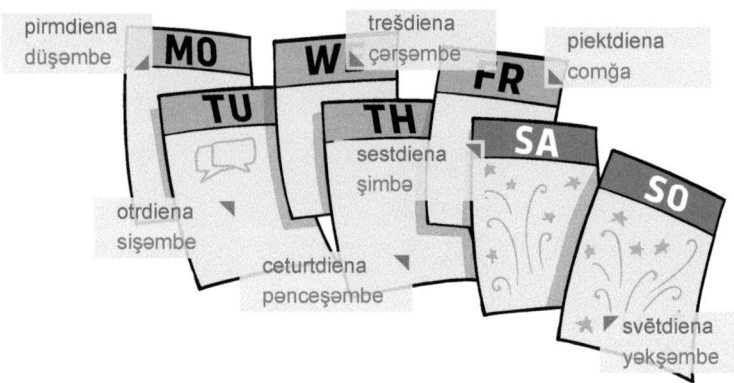

pirmdiena / düşəmbe — MO
otrdiena / sişəmbe — TU
trešdiena / çərşəmbe — W
ceturtdiena / pəncesəmbe — TH
piektdiena / comğa — FR
sestdiena / şimbə — SA
svētdiena / yəkşəmbe — SO

vakardien
kiçə

šodien
bügen

rītdien
irtəgə

rīts
irtə

pusdienlaiks
töş

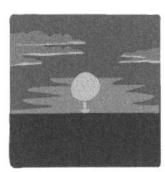

vakars
kiç

MO	TU	WE	TH	FR	SA	SU
1	2	3	4	5	6	7
8	9	10	11	12	13	14
15	16	17	18	19	20	21
22	23	24	25	26	27	28
29	30	31	1	2	3	4

darbadienas
eş könnəre

MO	TU	WE	TH	FR	SA	SU
1	2	3	4	5	6	7
8	9	10	11	12	13	14
15	16	17	18	19	20	21
22	23	24	25	26	27	28
29	30	31	1	2	3	4

brīvdienas
yal könnəre

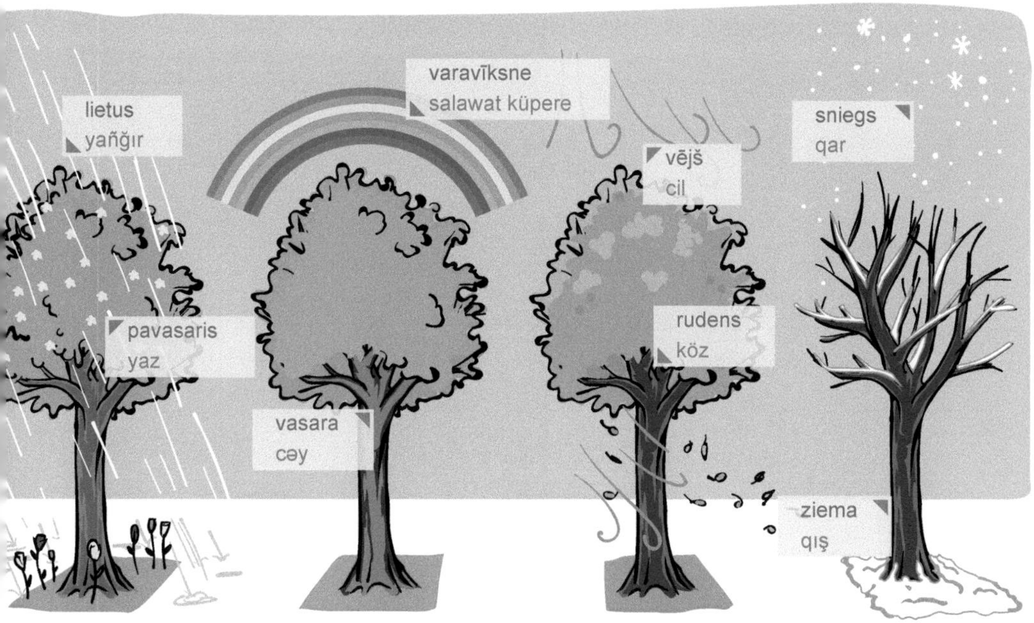

gads
yıl

lietus / yañğır
varavīksne / salawat küpere
sniegs / qar
vējš / cil
pavasaris / yaz
rudens / köz
vasara / cəy
ziema / qış

laika prognoze
hawa torışı

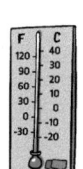

termometrs
termometr

saules gaisma
qoyaş yaqtısı

mākonis
bolıt

migla
toman

gaisa mitrums
dımlılıq

gads - yıl

zibens
yəşen

pērkons
kük kükrəw

vētra
dawıl

krusa
boz

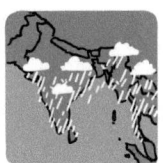

musons
musson

plūdi
su basu

ledus
boz

janvāris
Qırlaç

februāris
Aqman

marts
Buşay

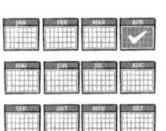

aprīlis
Yañarış

maijs
Saban

jūnijs
Çereşmə

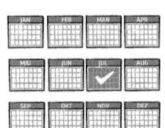

jūlijs
Peçən

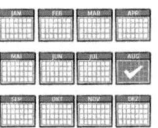

augusts
Uraq

gads - yıl

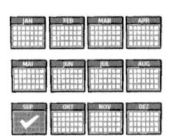
septembris
Indır

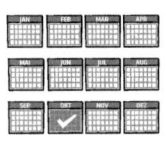
oktobris
Bilek

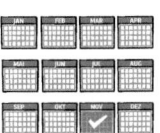
novembris
Qaraköz

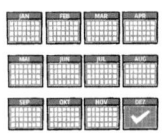
decembris
Kerəw

formas
şəkellər

aplis
tügərək

kvadrāts
dürtkel

četrstūris
turıpoçmaq

trīsstūris
öçpoçmaq

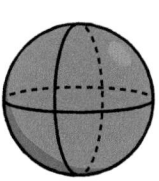
lode
körrə

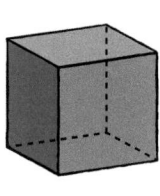
kubs
kub

formas - şəkellər

krāsas
töslər

balts
aq

dzeltens
sarı

oranžs
qızğılt sarı

sārts
al

sarkans
qızıl

lillā
şəməxə

zils
zəñgər

zaļš
yəşel

brūns
körən

pelēks
sorı

melns
qara

pretstati
qapma-qarşılıqlar

daudz / maz
küp / az

saniknots / miermīlīgs
usal / tınıç

skaists / neglīts
matur / yəmsez

sākums / beigas
baş / axır

liels / mazs
zur / keçkenə

gaišs / tumšs
yaqtı / qarañğı

brālis / māsa
abıy, ene / apa, señel

tīrs / netīrs
taza / piçraq

pilnīgs / nepilnīgs
təmam / təmamlanmağan

diena / nakts
kön / tön

miris / dzīvs
üle / tere

plats / šaurs
kiñ / tar

baudāms / nebaudāms
aşarğa yaraqlı / aşarğa yaraqsız

nikns / laipns
yaman / yaxşı

satraukts / garlaikots
dulqınlanğan / yalıqqan

resns / tievs
yuan / yabıq

pirmais / pēdējais
berençe / soñğı

draugs / ienaidnieks
dus / doşman

pilns / tukšs
tulı / buş

ciets / mīksts
qatı / yomşaq

smags / viegls
awır / ciñel

izsalkums / slāpes
açlıq / susaw

slims / vesels
awıru / sələmət

nelegāls / legāls
qanunsız / qanunlı

inteliģents / dumjš
aqıllı / aqılsız

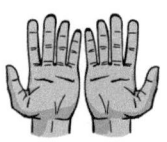

kreisais / labais
sul / uñ

tuvu / tālu
yaqın / yıraq

jauns / lietots
yaña / qullanılğan

nekas / kaut kas
hiçnərsə / nərsəder

vecs / jauns
ölkən / yəş

ieslēgts / izslēgts
bızdırılğan / sünderelgən

atvērts / slēgts
açıq / yabıq

kluss / skaļš
tawışsız / göreltele

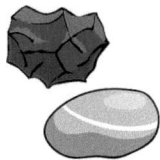

bagāts / nabags
bay / yarlı

pareizi / nepareizi
döres / yalğış

raupjš / gluds
qıtırşı / şoma

noskumis / laimīgs
küñelsez / küñelle

īss / garš
qısqa / ozın

lēns / ātrs
aqrın / tiz

slapjš / sauss
dımlı / qorı

silts / vēss
cılı / salqın

karš / miers
suğış / tınıçlıq

pretstati - qapma-qarşılıqlar

skaitļi
sannar

0
nulle
sıfır

1
viens
ber

2
divi
ike

3
trīs
öç

4
četri
dürt

5
pieci
biş

6
seši
altı

7
septiņi
cide

8
astoņi
sigez

9
deviņi
tuğız

10
desmit
un

11
vienpadsmit
unber

12
divpadsmit
unike

13
trīspadsmit
unöç

14
četrpadsmit
undürt

15
piecpadsmit
unbiş

16
sešpadsmit
unaltı

17
septiņpadsmit
uncide

18
astoņpadsmit
unsigez

19
deviņpadsmit
untuğız

20
divdesmit
yegerme

100
simts
yöz

1.000
tūkstotis
meñ

1.000.000
miljons
million

skaitļi - sannar

Valodas
teller

angļu — inglizçə

amerikāņu angļu — Amerika inglizçəse

ķīniešu mandarīnu valoda — Mandarin qıtayçası

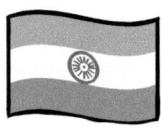 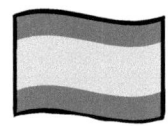 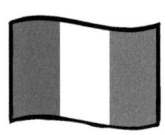

hindi — hindi

spāņu — İspança

franču — Fransızça

 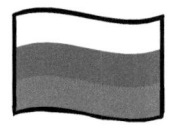 

arābu — Ğərəpçə

krievu — Rusça

portugāļu — Portugalça

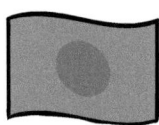 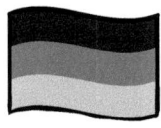 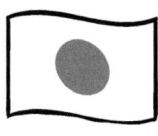

bengāļu — Bengali

vācu — Almança

japāņu — Yaponça

kas / ko / kā
kem / nərsə / niçek

es
min

tu
sin

viņš / viņa
ul / ul / ul

mēs
bez

jūs
sez

viņi / viņas
alar

kas?
kem?

ko?
nərsə?

kā?
niçek?

kur?
qayda?

kad?
qayçan?

vārds
isem

kur
qayda

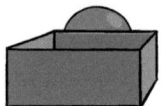

aiz
artta

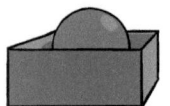

iekšā
eçendə

priekšā
aldında

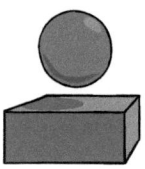

virs
östendə

uz
östendə

zem
astında

blakus
yanında

starp
arasında

vieta
urın